TALLER DE

MÚSICA

5

proyecto mundo para todos

sm

primaria

Proyecto didáctico
Equipo de Educación Primaria de Ediciones SM

Autoría
Lamberto del Álamo Caballero y Vicente Gil Arráez

Colaboración
Joaquín Arias y Gumersindo Díaz

Revisión pedagógica y coordinación editorial
Ana Moreno y Mayte Ortiz

Ilustración
Felipe López Salán

Fotografía
Sonsoles Prada; Javier Calbet; Pedro Carrión; Archivo SM; INDEX; Yolanda Álvarez; J. M. Navia; INCOLOR; MARCO POLO; STOCKTREK; GEOSTOCK; Russell Illig; Montserrat Manent; J. M. Ruiz; AGE FOTOSTOCK; Jordi Sierra i Fabra; PHOTODISC; Polygram; Jack Hollingworth; Mason; CYBERMEDIA; PHOTOLINK; Mark Downey; DIGITAL VISIÓN MÚSICA; Jerry Tobías; STOCK PHOTOS.

Diseño de interiores y maqueta
Olga Pérez

Partituras
Álvaro Cedillo

Diseño de cubierta
Maritxu Eizaguirre

Dirección editorial
M.ª José Sanz

ISBN: 84-348-6864-4 / Depósito legal: M-13590 -2000 / Preimpresión: Da Vinci, SA
Orymu, SA - Ruiz de Alda, 1 - Pinto (Madrid) / Impreso en España - *Printed in Spain*

Índice

Un mundo de sonidos para vivir

Los sonidos y la música nos acompañan en cualquier momento del día. Estamos tan acostumbrados a su presencia en nuestra vida, que muchas veces no les prestamos una atención especial. Si nos detenemos a escuchar podremos descubrir y disfrutar de muchos sonidos que normalmente pasan desapercibidos para nosotros.

unidad 1 Silencio, por favor

Vivimos rodeados de sonidos que a veces nos gustan y en otras ocasiones nos molestan.

En momentos muy determinados necesitamos que haya silencio: cuando estamos enfermos, concentrados en alguna actividad, o también cuando queremos disfrutar de un acontecimiento musical.

Para la música es muy importante el silencio.

• Cita una situación de tu vida cotidiana en la que el silencio sea importante para ti:

¿En qué momentos del día necesitas que haya silencio?, ¿qué haces para conseguirlo?

Utilizamos la vista y el oído para recibir señales del exterior. Cuando queremos ver algo, dirigimos nuestra mirada hacia el lugar deseado. Si no nos interesa lo que vemos, o nos hace daño, rápidamente nuestros ojos se cierran. Sin embargo el **oído** está siempre abierto, captando todo lo que suena en cualquier dirección.

La actividad diaria del hombre produce muchos **sonidos**. Algunos son muy **potentes**, como los de las máquinas y los vehículos. Estos sonidos no nos permiten distinguir otros más **débiles**, como el susurro del aire o el trino de los pájaros.

Para escuchar y apreciar la música es importante guardar **silencio**. En ocasiones algunas personas que asisten a conciertos hacen ruidos molestos que se extienden por la sala e impiden que el oído se concentre en los sonidos musicales.

- Quédate en silencio junto a tus compañeros. Coge una hoja de papel y hazla circular por el aula. Escucha el sonido del papel al pasar de mano en mano.

¡CUIDADO CON EL OÍDO!

El ruido y la música a un volumen excesivo provocan lesiones en el oído. Estas lesiones afectan al tímpano y pueden llegar incluso a producir sordera.

Los sonidos breves y fuertes, como las explosiones, son muy perjudiciales. También es dañino escuchar música constantemente a todo volumen.

Controlar el volumen cuando escuchamos música es una manera de cuidar nuestra salud.

- Escucha estos fragmentos de música. Señala cuál de ellos crees que es más adecuado para relajarse.

Música clásica ①

② Música electrónica

③ Banda sonora

Paisaje interior

(Música para meditar)

Muchas personas hacen ejercicios de **relajación** y **meditación** en lugares tranquilos y silenciosos. Es más fácil encontrar la paz interior junto a un río o en la ladera de una montaña.

También es posible relajarse escuchando música. Para hacerlo bien es mejor buscar una postura cómoda y mantener los ojos cerrados, aunque sin dormirse.

Hay que elegir algún tipo de **música suave** y escucharla dejándose llevar por ella. Podemos imaginar que los sonidos son de distintos colores y vuelan a nuestro alrededor. Si estamos tranquilos y concentrados los sonidos entrarán poco a poco en nuestro cuerpo y harán que nos sintamos mejor.

ACTIVIDADES PARA LA AUDICIÓN

- Busca una postura cómoda y escucha la música respirando profundamente.
- Utiliza los brazos y las manos para expresar lo que sientes al escuchar la música.

Los **instrumentos de láminas** producen el sonido al golpear con dos **baquetas** sus láminas. Éstas son de distinto tamaño y producen sonidos graves si son largas y agudos si son cortas.

Forman parte de este grupo de instrumentos:

Los **carillones**, que tienen unas láminas metálicas con un sonido melódico y cantarín.

Los **xilófonos**, con unas láminas de madera que producen un sonido cálido.

Los **metalófonos**, con placas metálicas igual que los carillones, pero que tienen un sonido más grave.

Un **ostinato** es un motivo musical breve que se repite constantemente a lo largo de una composición musical.

- Practica estos ostinatos alternando sucesivamente mano izquierda y mano derecha. Fíjate bien cómo tienes que sujetar las baquetas.

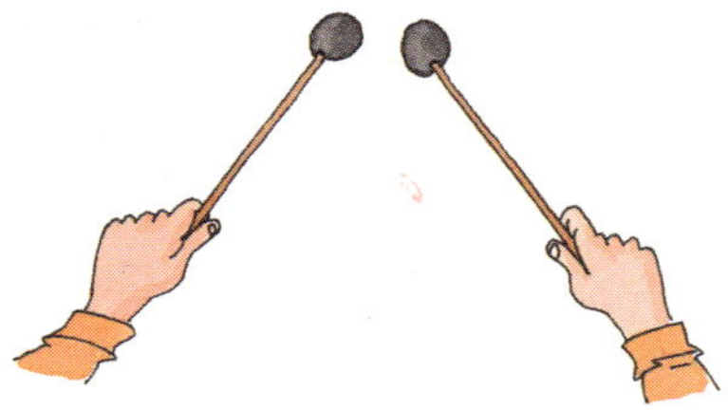

mano izquierda **mano derecha**

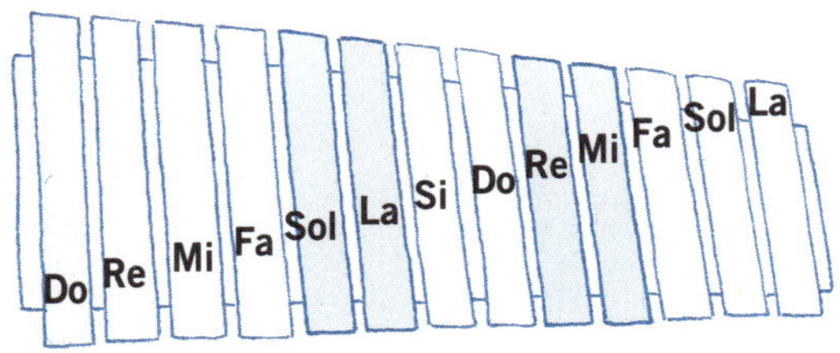

1

2

3

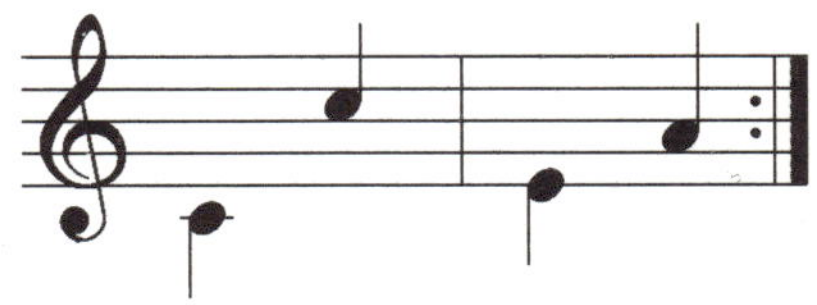

- Ahora realiza estos ejercicios utilizando las dos manos simultáneamente.

1

2

• Practica estos ejercicios rítmicos teniendo en cuenta el código.

1 2 3 **Contar en voz alta** ● **Dar palmas** 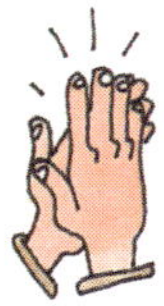 x **Dar pitos** 

1

●		●	
1	2	1	2

2

	●		●
1	2	1	2

3

●	x	●	x
1	2	1	2

4

x	●	x	●
1	2	1	2

5

●			●		
1	2	3	1	2	3

6

	●			●	
1	2	3	1	2	3

7

	●	●		●	●
1	2	3	1	2	3

8

●	x	x	●	x	x
1	2	3	1	2	3

El pentagrama y las notas

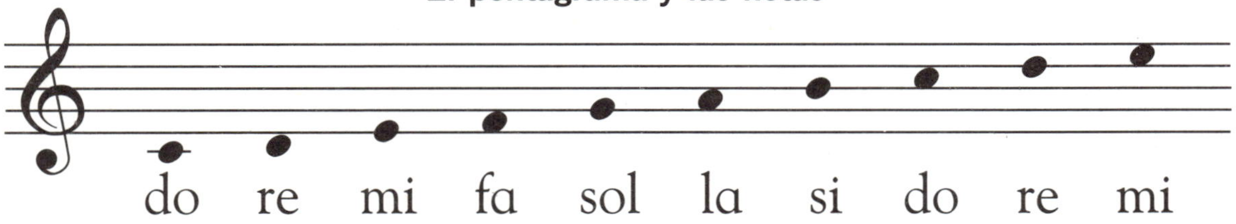

- Escribe el nombre de las notas y canta los siguientes motivos melódicos.

1

2

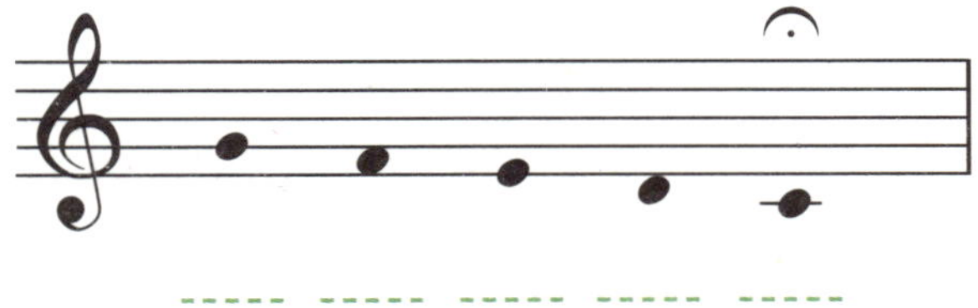

3

4

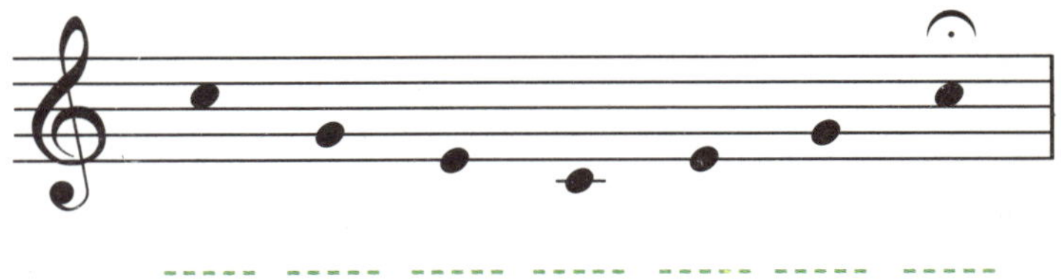

5

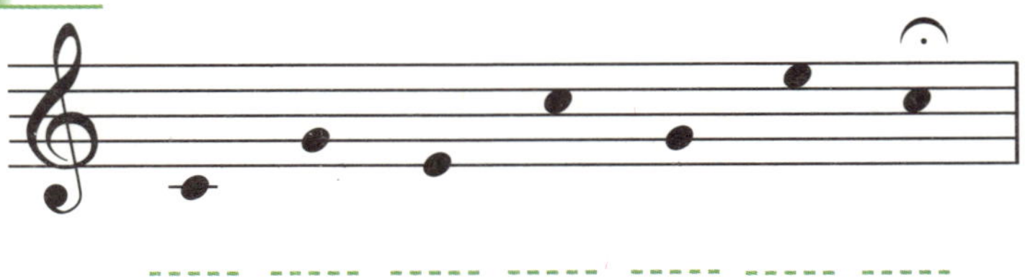

6

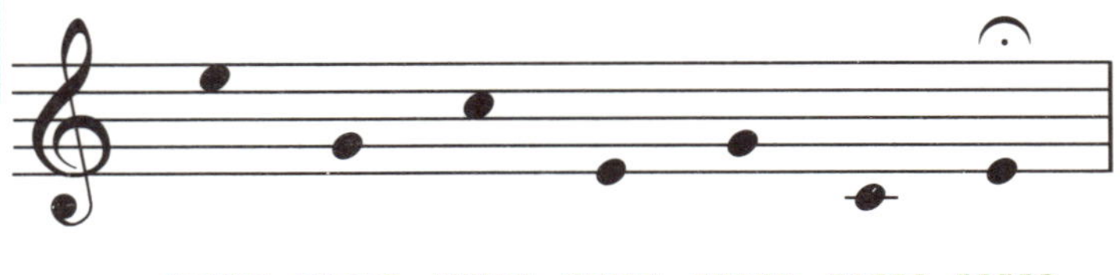

 Este signo se llama **calderón**. Significa que debemos prolongar un poco la duración de la nota o el silencio sobre el que se encuentra.

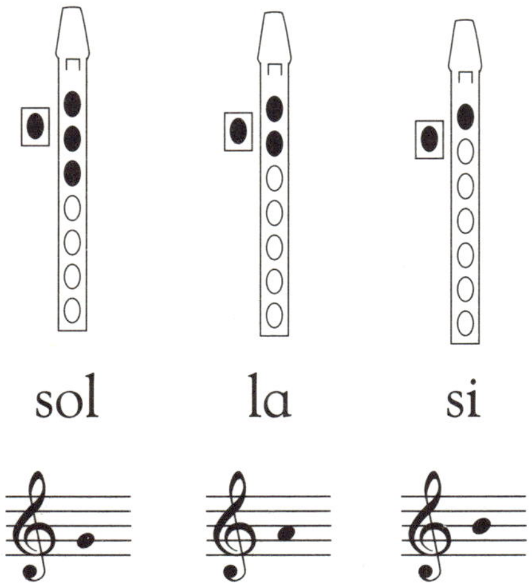

• Realiza estos ejercicios.

1

2

3

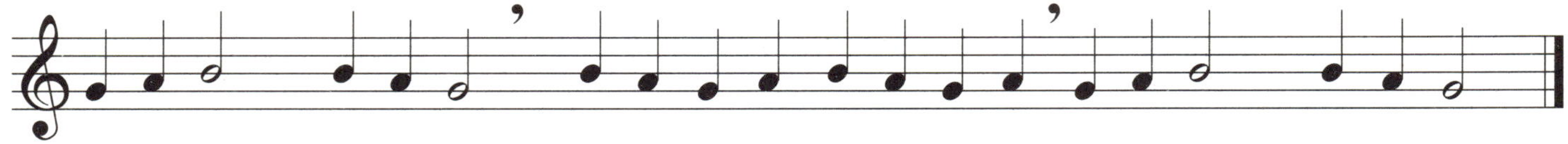

DANZA DEL FUEGO

Allegretto V. Gil

EL MARTILLO DE PEDRO

Allegretto Tradicional

LOS ESQUELETOS

Cuando el reloj marca la una
los esqueletos salen de la tumba.
¡Tumba, tumba, tumba, ba!

Cuando el reloj marca las dos
los esqueletos comen arroz.
¡Tumba, tumba, tumba, ba!

Cuando el reloj marca las tres
los esqueletos van del revés.
¡Tumba, tumba, tumba, ba!

Cuando el reloj marca las cuatro
los esqueletos marchan al teatro.
¡Tumba, tumba, tumba, ba!

Cuando el reloj marca las cinco
los esqueletos pegan un brinco.
¡Tumba, tumba, tumba, ba!

Cuando el reloj marca las seis
los esqueletos hacen jerseis.
¡Tumba, tumba, tumba, ba!

Cuando el reloj marca las siete
los esqueletos van en patinete.
¡Tumba, tumba, tumba, ba!

Cuando el reloj marca las ocho
los esqueletos comen un bizcocho.
¡Tumba, tumba, tumba, ba!

Cuando el reloj marca las nueve
los esqueletos cantan y beben.
¡Tumba, tumba, tumba, ba!

Cuando el reloj marca las diez
los esqueletos duermen, ¡pardiez!
¡Tumba, tumba, tumba, ba!

- Aprende esta canción e inventa nuevas letras.

unidad 2 La música que nos rodea

Vivimos en un mundo lleno de música. Está presente en la casa y en la calle, en los colegios y en los centros de trabajo.

Algunas veces escuchamos música voluntariamente, pero en muchas ocasiones nos acompaña sin apenas darnos cuenta.

En cualquier caso, la música es una parte importante de nuestra vida.

- Cita un lugar en el que escuchas música en algún momento del día:

Normalmente escuchamos música en nuestro hogar. Algunas veces también lo hacemos en auditorios, o incluso en la calle. ¿Has asistido alguna vez a algún concierto?

En todas las casas hay algún aparato para escuchar música: radio, televisión, equipo de sonido... Cada miembro de la familia suele tener un gusto musical propio.

Los **auditorios** son lugares ideados para que mucha gente pueda escuchar música cómodamente. En los conciertos, especialmente en los de música clásica, el **silencio** es importantísimo. Al final de la obra, si la interpretación ha sido buena, el público rompe el silencio, se pone en pie y aplaude a los músicos.

También la calle puede ser un escenario idóneo para la música. A veces encontramos músicos tocando para los transeúntes. Algunos de estos músicos tienen un excelente nivel profesional y escucharlos es un placer.

- ¿Crees que el público se comporta de la misma manera en un concierto de música clásica que en uno de música pop? ¿Cuáles son las diferencias principales?

UN LARGO APLAUSO

Según el *Libro de los Récords*, el aplauso más largo de la historia de la ópera lo recibió **Plácido Domingo** en Viena en 1991, tras interpretar ***Otello***. Tuvo que salir 101 veces a saludar durante 1 hora y 20 minutos. Años antes, en 1988, Luciano Pavarotti fue aplaudido durante 1 hora y 7 minutos en Berlín.

- Escucha los instrumentos que están tocando estos músicos. Numera según el orden en que aparecen en la grabación.

Violín ◯

Flauta travesera ◯

Charango ◯

Concierto de Brandenburgo

(J. S. Bach)

El compositor de esta obra perteneció a una *familia musical* que estaba formada por lo menos por cincuenta músicos. **Johann Sebastian Bach** es el más conocido de todos ellos.

A Bach le gustaba tocar el órgano en la iglesia y también ante príncipes y emperadores. Pero lo que más le satisfacía era hacer música en casa con sus hijos y su mujer.

El fragmento que aparece en la grabación está interpretado por un trío de músicos que tocan en la calle. Utilizan un **violín**, un **charango** y una **flauta**, además de un **sintetizador** programado. El charango es un instrumento de cuerda que procede de Suramérica.

ACTIVIDADES PARA LA AUDICIÓN

- ¿Cuál crees que es el instrumento protagonista en este concierto?

El charango ☐	La flauta ☐
El violín ☐	Los tres ☐

CONSTRUYE UNA ZAMBOMBA

Necesitas

Una maceta o un bote de plástico, una caña fina, un plástico o un parche de piel para tambores, tijeras, lima, hilo fuerte, cuerdas y pinturas o papeles para decorar.

¿Cómo puedes hacerlo?

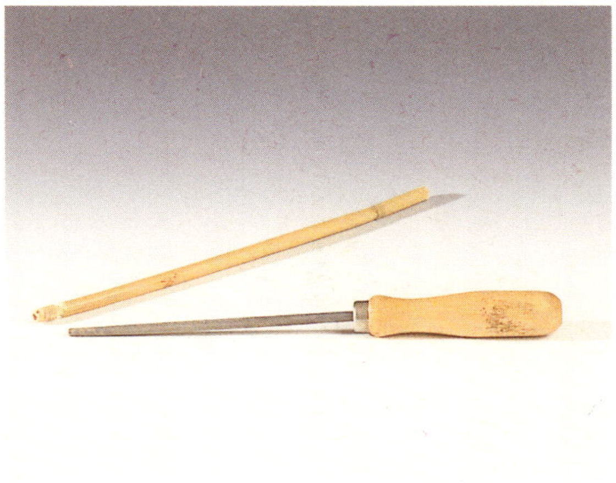

Lima un poquito la caña a un centímetro de uno de los extremos. Fabrica el parche con el plástico.

Ata el parche a la hendidura que has hecho en la caña con un hilo muy fuerte. Coloca el parche sobre la maceta o bote y sujétalo lo más tenso que puedas.

Para tocar la zambomba tienes que humedecer la mano con frecuencia y deslizarla suavemente por la caña.

Pulso	negra (1 pulso)	blanca (2 pulsos)	Blanca con puntillo (3 pulsos)	silencio de negra (1 pulso)	silencio de blanca (2 pulsos)	ligadura	Signos de repetición

- Practica los siguientes ejercicios rítmicos marcando el pulso.

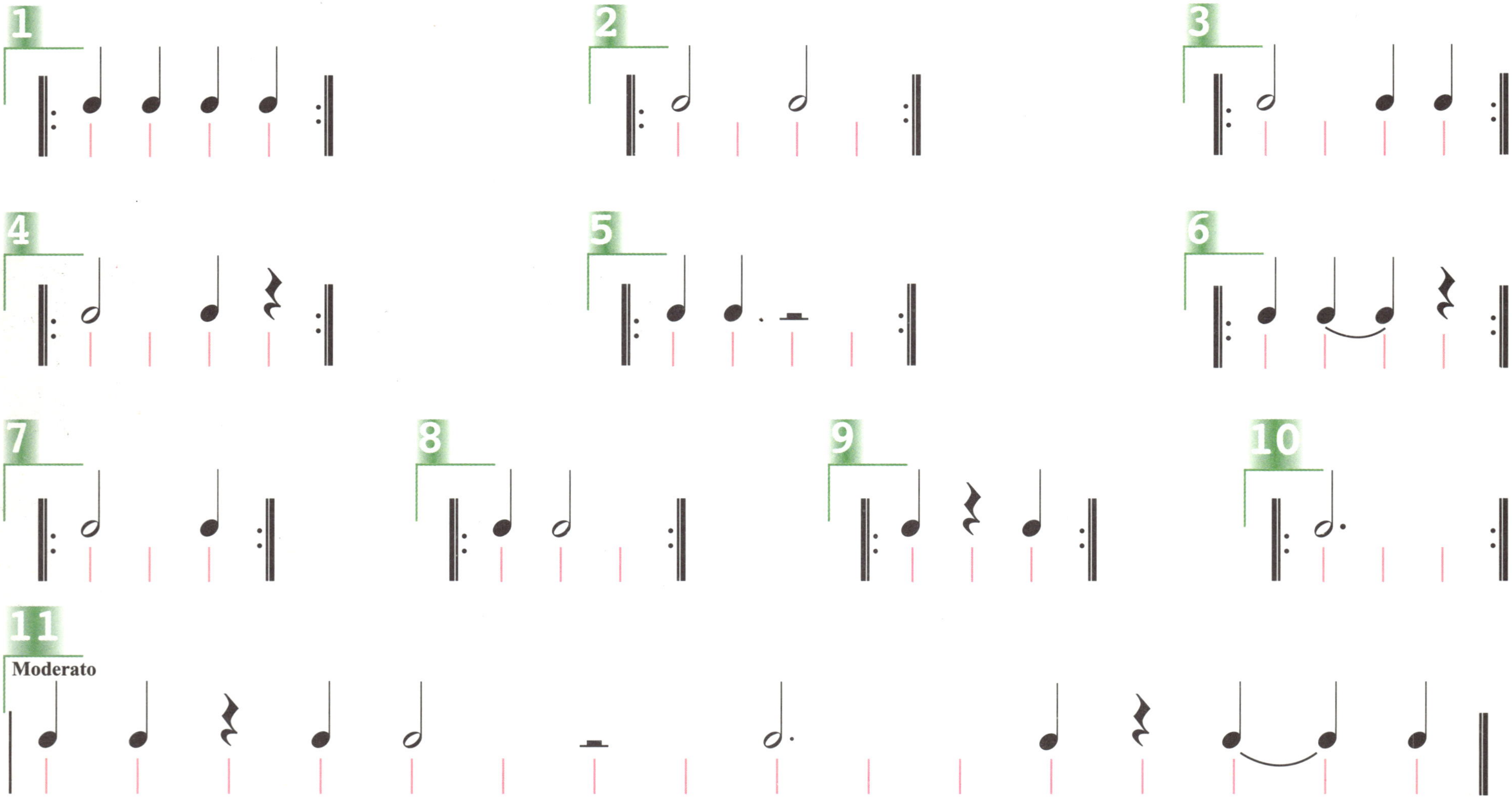

- Completa estos musigramas tomando el primero como referencia. Escribe sus notas en el pentagrama. Canta después cada uno de los motivos melódicos resultantes.

1

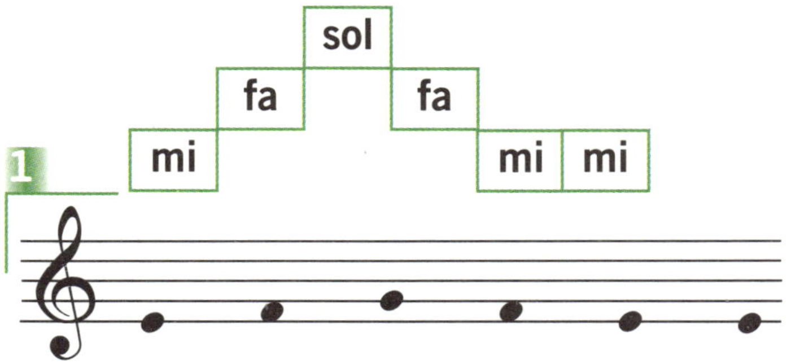

2

3

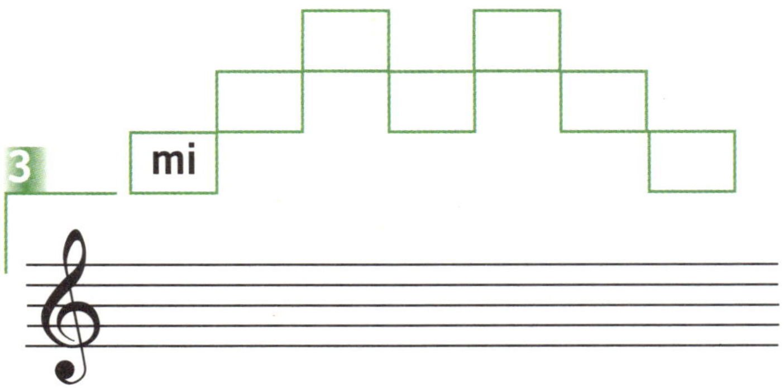

4

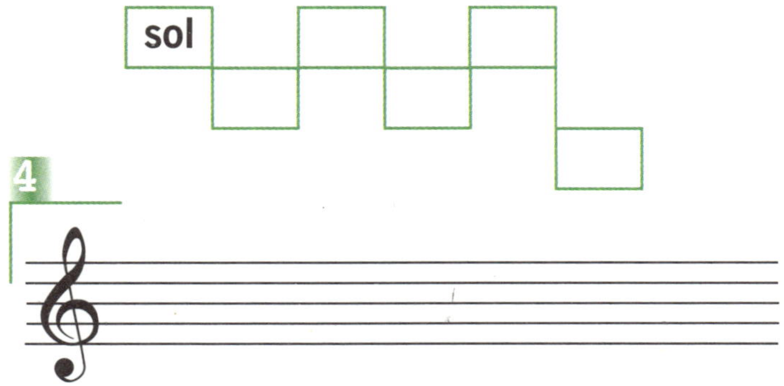

5

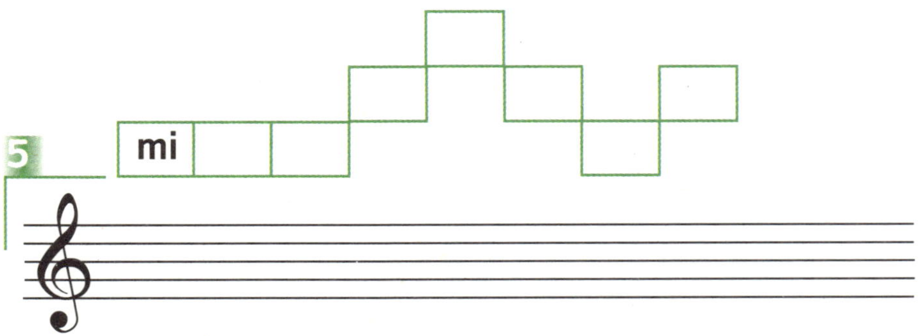

6

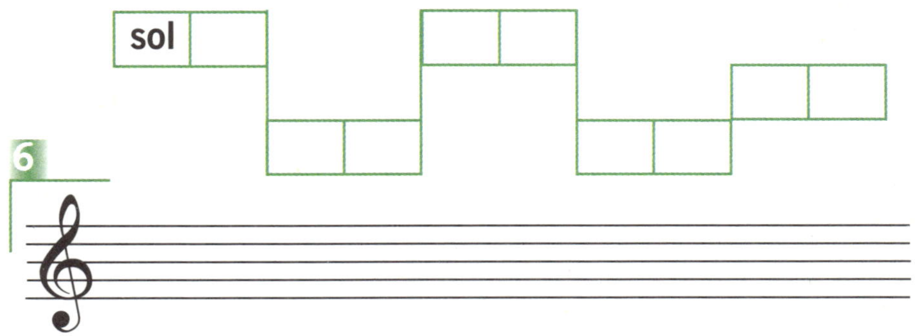

• Practica estos ejercicios.

1 Despacio

2

3

MERRILY WE ROLL ALONG

Allegretto

Tradicional

MINUÉ

Moderato

V. Gil

ZUMBA, ZÚMBALE AL PANDERO

Esta noche nace un Niño
blanco, rubio y colorado,
que ha de ser el pastorcito
para cuidar el ganado.

Zumba, zúmbale al pandero,
al pandero y al rabel.
Toca, toca la zambomba,
dale, dale al almirez.

La Virgen se fue a lavar
los pañuelos a una fuente
y le dijo a san José:
cuida al Niño, no despierte.

Mas el Niño ha despertado
y ha comenzado a llorar.
¡Válgame Dios y su Madre,
cuándo se querrá callar!

La Virgen es panadera
y San José carpintero,
y el Niño recoge astillas
para cocer el puchero.

• Acompaña este villancico con la zambomba que has construido.

El mundo y su música para descubrir

Cada rincón del planeta tiene su propia música. Descubrir y respetar las posibilidades de cada una de ellas es una manera de conocer a personas que pueden estar muy alejadas de nosotros.

3 Beethoven y la naturaleza

4 A todo jazz

5 Música en lata

Beethoven y la naturaleza

El oficio del compositor consiste en crear obras musicales. Se trata de una tarea que requiere amplios conocimientos y además algo muy importante: estar inspirado.

Hay veces que el compositor busca esta inspiración en las sensaciones que le produce la naturaleza. Esto es precisamente lo que hizo uno de los compositores más famosos de la historia: Beethoven.

Algunas de sus obras están dedicadas a fenómenos atmosféricos como la lluvia, el viento o las tempestades.

- Busca en el diccionario la palabra *inspiración* y piensa para qué necesitas tú estar *inspirado.*

Beethoven es uno de los compositores más conocidos. ¿Serías capaz de tararear un fragmento de alguna de sus obras?

Ludwig Van **Beethoven** nació en Bonn (Alemania) en 1770. Su padre advirtió muy pronto sus cualidades y comenzó su educación musical a los 4 años. Cuando Beethoven sólo tenía 16 años Mozart dijo de él: "Apunten su nombre. Este joven será famoso". Y no se equivocó, porque ha pasado a la historia como un artista inmortal.

Gracias a varios retratos sabemos cómo era el compositor físicamente. Uno de sus amigos le describió como un hombre de estatura media, corpulento y rechoncho, con una cara ancha y pelo negro muy revuelto. Tenía un carácter difícil que le provocaba frecuentes conflictos con los demás. Sin embargo también odiaba la injusticia y era generoso con los necesitados.

Este músico lograba concentrarse tanto en el trabajo que, a veces, hasta descuidaba su aspecto personal. Su casa solía estar sucia y desordenada, con las paredes y las puertas llenas de anotaciones. Uno de sus colegas dijo de ella que parecía una "jaula de osos".

- ¿Crees que la sordera que padeció Beethoven pudo influir en su carácter?

EL SORDO GENIAL

Beethoven padeció de sordera. En un principio tenía dañado sólo el oído izquierdo, pero después le afectó también al derecho. Cuando tenía 28 años empezó a sentir zumbidos y pitidos. Durante mucho tiempo estos ruidos le hicieron la vida insoportable. Finalmente, cuando perdió totalmente el oído, desaparecieron también los zumbidos.

A partir de entonces se comunicaba de forma escrita, utilizando un cuaderno y un lápiz que siempre llevaba con él.

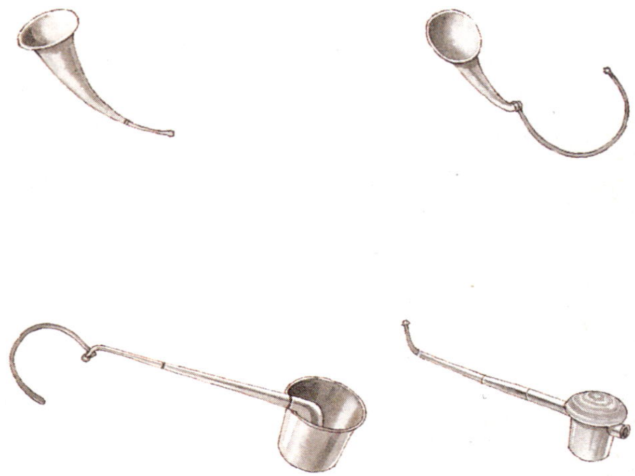

Trompetillas utilizadas por Beethoven para oír mejor.

- Éstos son algunos de los instrumentos que intervienen en ***La Tormenta***. Identifícalos y escribe su nombre.

La tormenta

(Ludwig van Beethoven)

A Beethoven le gustaba pasear por los bosques cercanos a Viena. En ocasiones anotaba ideas para alguna de sus obras. Un amigo suyo lo cuenta así:

> *"Durante mis paseos por Mödling encontraba frecuentemente a Beethoven con una hoja de papel y un lápiz en la mano. Bruscamente se detenía como escuchando. Miraba en torno suyo y escribía su música...".*

En uno de esos paseos se le ocurrió dedicar una composición a la naturaleza. Así nació su ***Sinfonía Pastoral***. ***La Tormenta*** es un movimiento de esta obra.

Beethoven utiliza la música para hacernos imaginar la **lluvia**, los **truenos** y el rugido del **viento**. Al final, cuando las nubes se retiran, vuelve la **calma** al **campo**.

ACTIVIDADES PARA LA AUDICIÓN

- Escucha la música. Imagínate la escena que describe y dibújala.
- Fíjate cómo los violines imitan el sonido del viento. Levanta la mano cuando oigas el sonido de los timbales imitando los truenos.

DANZA DEL FUEGO

Flautas

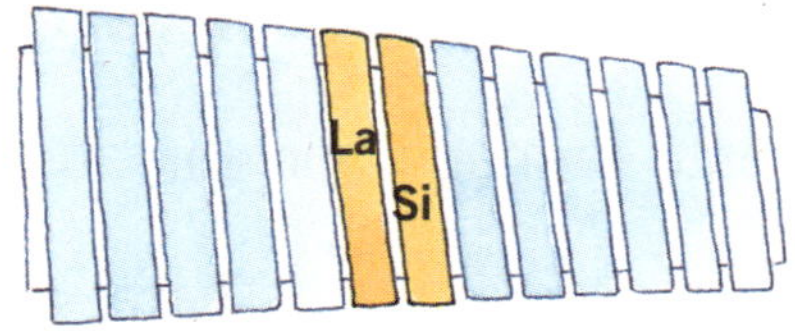

1

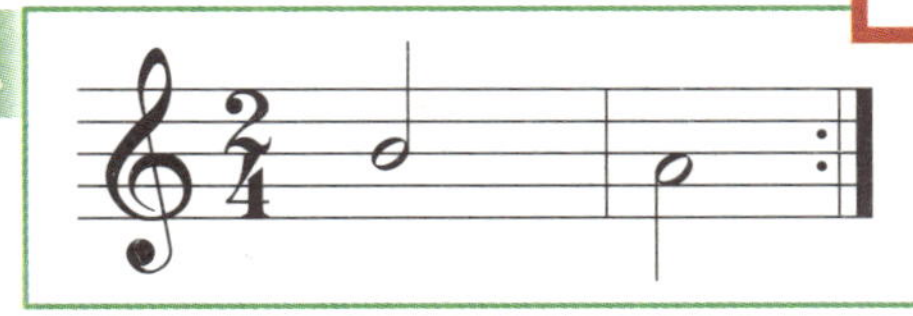

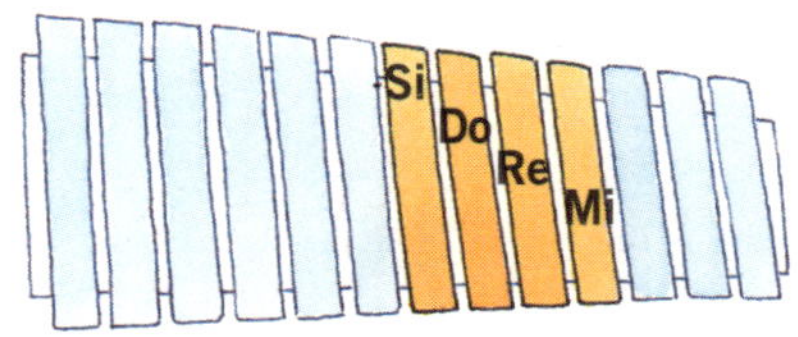

2

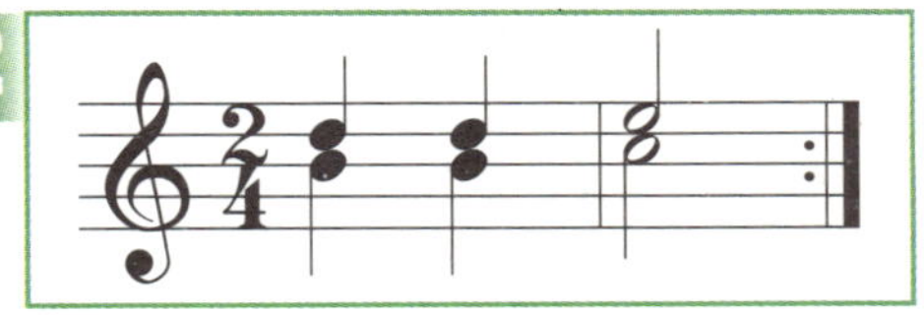

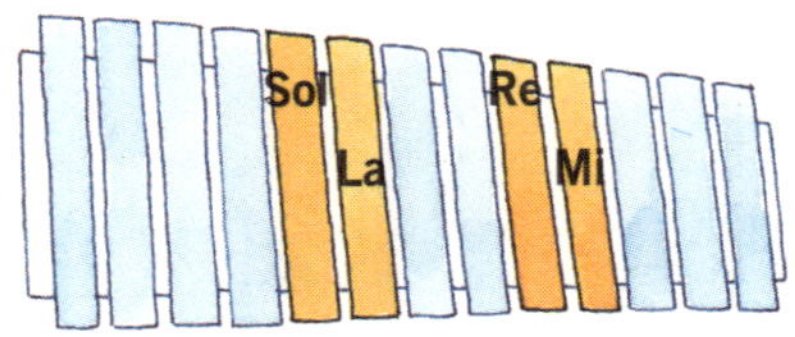

3

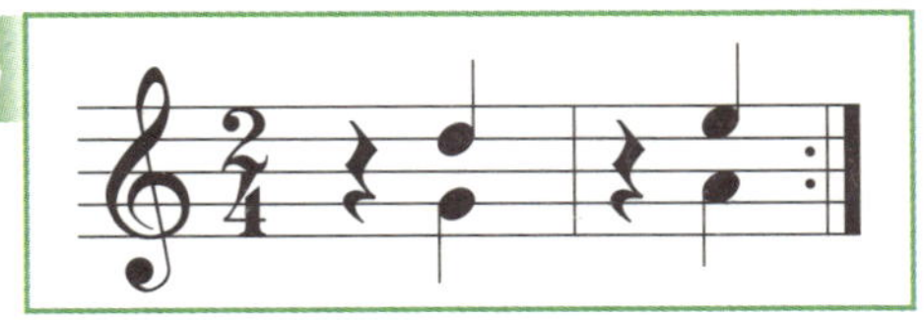

4

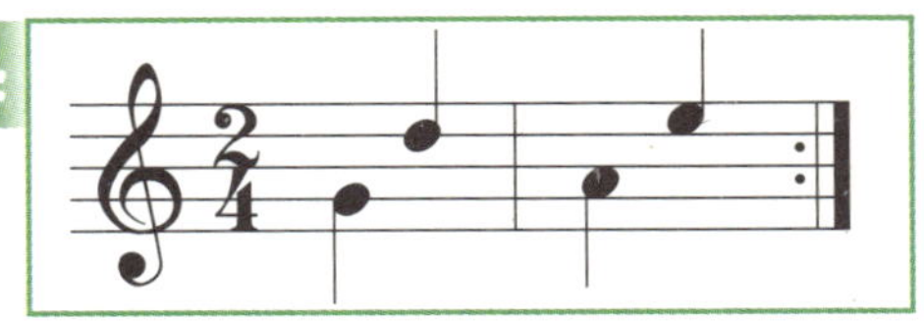

- Toca con la flauta la *Danza del fuego*.
- Utiliza los instrumentos de láminas para acompañar esta danza según las indicaciones de tu profesor.

Las figuras y los silencios se agrupan en **unidades de tiempo iguales** que se llaman **compases**.

El compás de 2/♩ (dos por cuatro) está formado por unidades de dos tiempos o dos pulsos.

La línea vertical que separa dos compases se llama **barra de compás**.

- Practica los siguientes ejercicios rítmicos en 2/♩ marcando el compás según las indicaciones de tu profesor.

1

2

3

4

5

6

7 Moderato

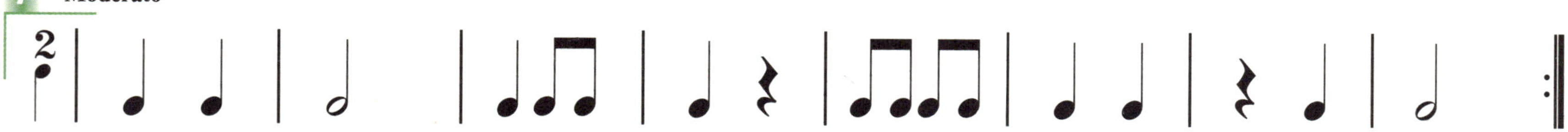

- Para realizar este ejercicio ten en cuenta que al repetir se ignora el compás que corresponde a 1.ª vez y se salta al de 2.ª.

8 Allegretto

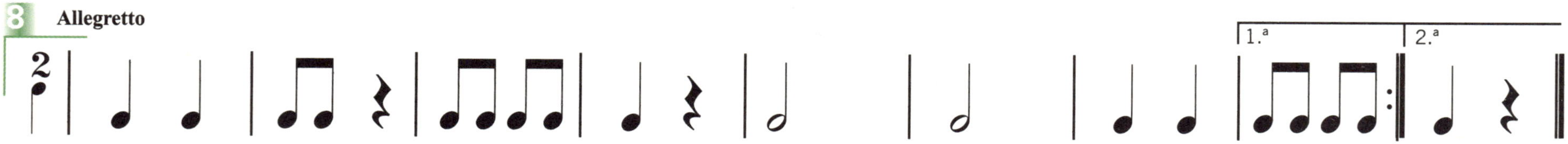

- Copia estos motivos melódicos. Después entónalos en forma de "eco" imitando a tu profesor.

1

2

3

4

5

6

- Realiza estos ejercicios.

1 Despacio

2

3

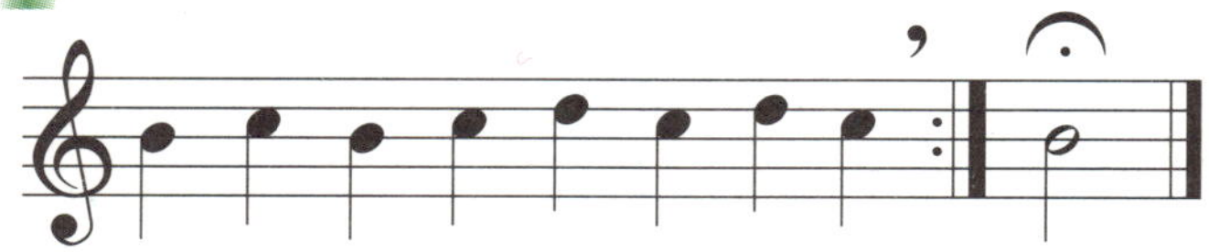

4

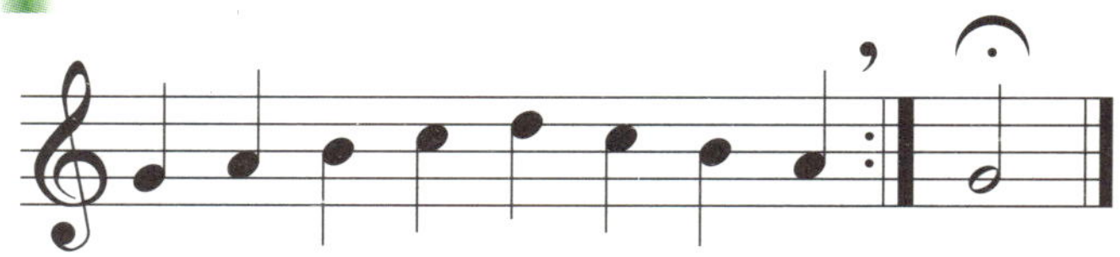

JINGLE BELLS

Allegretto

J. Piermont

LA CAJITA DE MÚSICA

V. Gil

Allegretto

YUKAIDÍ, YUKAIDÁ

Ya del alba al despertar, yukaidí, yukaidá,
el cielo se aclarará, yukaidí, aidá,
y el sol en la cordillera
subirá en una carrera,
yukaidí, yukaidá, yukaidí, aidí, aidá,
yukaidí, yukaidá, yukaidí, aidí, aidá.

La mañana clara está, yukaidí, yukaidá,
con la luz que el sol le da, yukaidí, aidá,
y se oyen las canciones
de los pájaros cantores,
yukaidí, yukaidá, yukaidí, aidí, aidá,
yukaidí, yukaidá, yukaidí, aidí, aidá.

- Acompaña esta canción con percusión corporal, siguiendo las indicaciones de tu profesor.

unidad 4 A todo jazz

En Estados Unidos, a orillas del río Misisipí, se encuentra Nueva Orleans. En esta ciudad a principios del siglo XX coincidieron dos culturas, la africana y la europea, cada una de ellas con sus propias tradiciones culturales. De las aportaciones de unos y otros surgió la música jazz.

La música de jazz puede ser alegre, nostálgica o incluso triste. En sus comienzos servía para animar las fiestas y también para acompañar los entierros.

- Localiza el río Misisipí en un mapa de América.

¿Sabes si en tu casa hay algún disco de jazz? Pide a alguien de tu familia que te ayude a buscarlo y llévalo a la clase para que lo vean tus compañeros.

El **jazz** es una música que surge a **principios del siglo XX** en Estados Unidos, de la unión de dos culturas musicales diferentes, la **africana** y la **europea**.

Este tipo de música se caracteriza por su **ritmo** y también por la **improvisación**. Los músicos de jazz pueden emplear partituras, pero muchas veces no las necesitan. Inventan o improvisan melodías sobre la marcha.

- ¿Crees que los músicos de una orquesta sinfónica improvisan en un concierto?

DUBI DUBI DUBÁ

El conocido trompetista **Louis Armstrong** creó una nueva forma de cantar, a base de palabras sin sentido.

Durante una grabación se le cayó al suelo la letra de la canción. Ni corto ni perezoso, Louis siguió cantando con palabras inventadas. Muchas de ellas eran sólo sonidos tales como "Ba dubi dubá...". A esta forma de cantar se le llama ***scat***.

- Escucha el sonido de estos instrumentos de juguete. ¿Cuál de ellos crees que tiene un sonido más apropiado para el jazz? Rodéalo.

Corneta

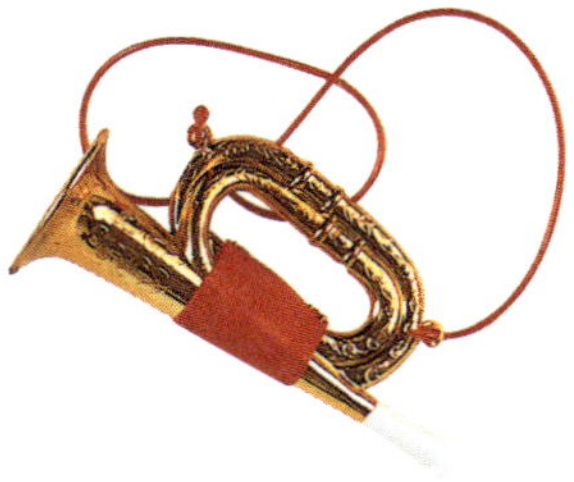

Cornetilla

Cornetón

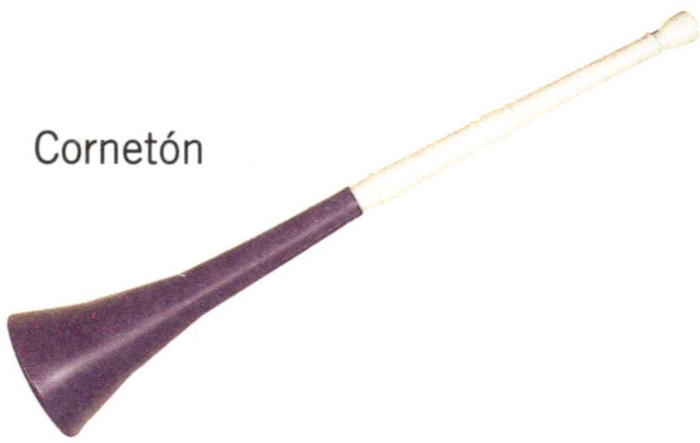

Güendesén

(Rudy Armstrong Quartet)

Piano

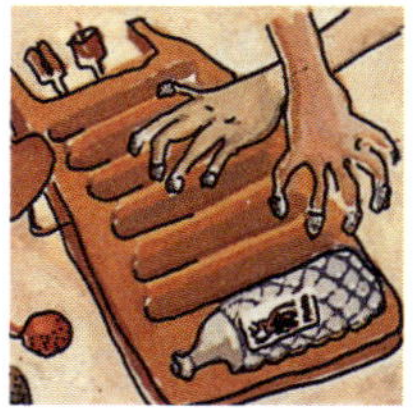

Tabla de lavar

Rudy Armstrong Quartet es una banda de jazz muy divertida. Los músicos que forman este cuarteto utilizan trompetillas, cornetas de juguete, una tabla de lavar, un piano y un *contrabalde* para interpretar sus melodías.

El *contrabalde* es un contrabajo construido por ellos mismos que tiene un cubo ancho como caja de resonancia.

Escucha la original versión de la canción más conocida del jazz tradicional: *Oh, When The Saints.*

Trompetillas

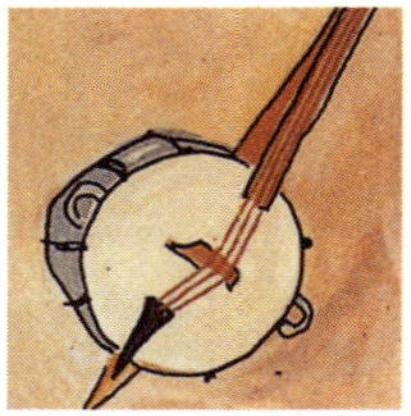

Contrabalde

ACTIVIDADES PARA LA AUDICIÓN

- Aprende la melodía de *Oh, When The Saints* y tócala utilizando una trompetilla hecha con un cucurucho de papel.
- Escoge una pareja y baila esta canción. Cuando tu profesor detenga la grabación cambia de pareja.

JIFFY MIXER

Estados Unidos

Para bailar esta danza se forman dos corros concéntricos. Las niñas se colocan en el corro de fuera y los niños en el de dentro. Las parejas se colocan de frente y se dan las manos.

Una vez que están colocados se realizan los siguientes pasos:

Chicas: con el pie derecho, tacón-punta, tacón-punta. Los chicos hacen lo mismo, pero con el pie izquierdo.

Chicas: dos pasos hacia la derecha y chicos lo mismo, pero hacia la izquierda. Se repiten los dos pasos anteriores, pero ahora con el otro pie y hacia el otro lado.

Salto hacia atrás con los pies juntos y dar una palmada (cuatro veces).

Para cambiar de pareja las chicas giran y a la vez avanzan a la derecha dando cuatro pasos, y los chicos giran sobre sí mismos en cuatro pasos también.

Una polirritmia es la combinación de varios ritmos diferentes tocados a la vez.

- Aprende estos esquemas rítmicos y combínalos entre sí con tus compañeros para crear polirritmias.

1 CHIN - CHIN

2 RUN - RUN

3 TIKI - TAC

4 TUM - TUM

- Imagina que este teclado suena de verdad. Toca sobre él estos motivos melódicos.

1

2

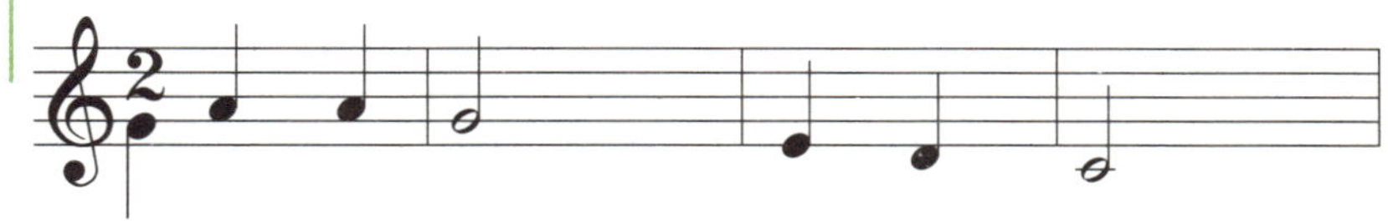

3

4

5

6

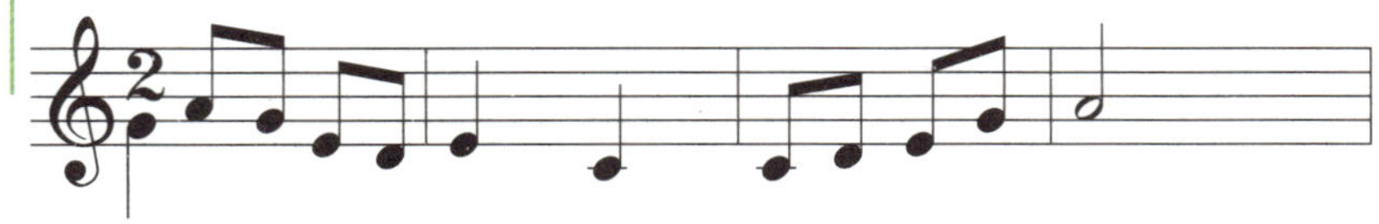

- Toca estos ejercicios con la flauta.

1 Despacio

2

3

4

MUSETTE

Moderato

J. S. Bach

OH, WHEN THE SAINTS GO MARCHING IN

Allegro

Tradicional

FLY, FLAY, FLY, FLAY, FLO

Fly, flay, fly, flay, flo.
Fly, flay, fly, flay, flo.
Fly, flay, fly, flay, flo.

Tocando el viejo banjo.
Edu está tocando en la cocina,
Edu está tocando en la cocina,
Edu está tocando en la cocina.
Tocando el viejo banjo.

¡Y suena!

• Canta esta canción sustituyendo el nombre de Edu por el de cada uno de tus compañeros.

unidad 5 Música en lata

A lo largo de la historia la música ha ido pasando de unas personas a otras, por eso aún hoy podemos seguir escuchando canciones y melodías de otras épocas.

Existen varias formas de conservar y transmitir la música a través del tiempo. La más antigua consiste en retener ritmos y melodías en la memoria y reproducirlas después con la voz. Esta manera tiene un inconveniente, y es que una vez interpretada la música desaparece.

Para evitar ese problema, los músicos idearon un sistema de signos para representar los sonidos por escrito. Así surgieron las partituras.

Desde hace más de cien años podemos guardar la música, utilizando aparatos de grabación. Los primeros que se usaron fueron el fonógrafo y el gramófono.

- ¿Qué aparatos de grabación y reproducción de sonido tienes en casa? ¿Sabes utilizarlos?

¿Has visto alguna vez un disco de vinilo? ¿Lo has escuchado en algún tocadiscos?

En 1878 el ingeniero americano Thomas Alva **Edison** presentó un aparato que podía **grabar** y **reproducir** sonidos. Lo llamó **fonógrafo**. Las primeras palabras que grabó a modo de prueba, fueron: "Mary has a little lamb" (María tenía un corderito).

Tocadiscos

Pocos años después se inventó el **gramófono**. Para que el disco del gramófono girase, tenían que dar vueltas a una manivela.

En los primeros tiempos la calidad de las grabaciones no era muy buena; los discos se hacían con cera y duraban sólo tres minutos. Por eso los músicos prestaron poca atención al invento. Poco a poco la calidad de grabación y reproducción fue mejorando, gracias a la evolución de la técnica. La música *enlatada* terminó por convertirse en una gran industria.

Gramófono

Lector digital

Los modernos aparatos grabadores utilizan un **sistema digital** y **rayo láser**. Estos adelantos han hecho que la calidad del sonido sea casi perfecta. En la actualidad los discos pueden incorporar sonido, imagen y datos informáticos. Además es posible grabar varias horas de música en cada disco compacto.

- Observa un disco compacto y lee la información que tiene escrita. Coméntala en clase con tus compañeros.

LA ESPONJA MÁGICA

El deseo de conservar los sonidos es algo muy antiguo en la humanidad. Sin embargo, este sueño sólo se hizo realidad a finales del siglo XX.

En algunas civilizaciones cuentan leyendas sobre máquinas mágicas que guardan los sonidos.

Un marinero holandés del siglo XVII afirma que algunas tribus de la Tierra de Fuego cantaban delante de una esponja y después la estrujaban para escuchar los sonidos que había absorbido.

- Escucha los fragmentos de música y une cada fotografía con el disco que le corresponde.

claqué

música disco

copla

rock

Rock around The Clock

(Bill Haley & The Comets)

Uno de los primeros rockeros fue **Bill Haley**. Con su grupo, The Comets, grabó el 12 de abril de 1954 el *Rock Around The Clock* (rock alrededor del reloj). Se dice que ésta fue la primera grabación de **rock and roll** de la historia.

El éxito de la canción fue tan grande que inmediatamente se hizo una película con el mismo nombre. En el año 1955 se mantuvo durante 24 semanas como número uno en las listas de éxitos.

La letra de la canción invita a bailar mientras las manecillas del reloj dan vueltas y vueltas. Es decir, bailar horas y horas sin parar.

ACTIVIDADES PARA LA AUDICIÓN

- ¿Sabes qué instrumento es el que hace un solo cuando deja de cantar Bill Haley?
- Forma un círculo con tus compañeros y baila libremente la canción.

- Una vez que la clase esté dividida en cinco grupos, toca esta ***Cajita de música*** con los instrumentos de láminas.

CAJITA DE MÚSICA

1

2

3

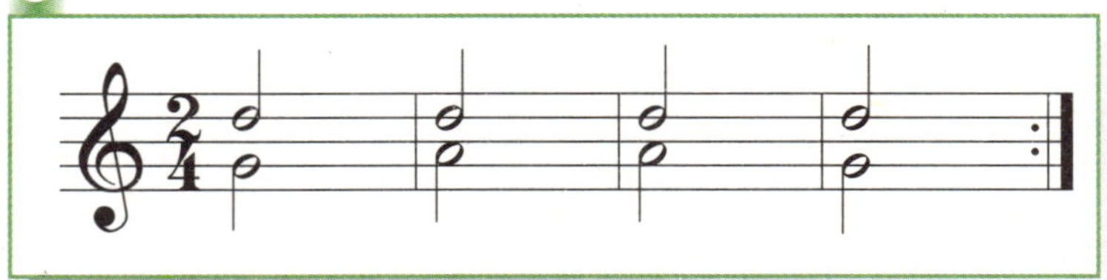

4

En el compás de 3/4 (tres por cuatro) agrupamos las figuras y silencios en unidades de 3 pulsos.

- Practica los siguientes ejercicios rítmicos en 3/4 marcando el compás.

1

2

3

4

5 Allegretto

6 Allegretto

- Interpreta estos cánones con tus compañeros, siguiendo las orientaciones de tu profesor.

Canon de los números

1 2 3 4 5 6 7 8 9 10 11 12...

1 2 3 4 5 6 7 8...

1 2 3 4 ...

Canon de Paco Peco

Pa - co Pe - co pa - ja - ri - co co - me co - co con el pi - co...

Pa - co Pe - co pa - ja - ri - co co - me co - co...

Pa - co Pe - co pa - ja - ri - co...

FRÈRE JACQUES

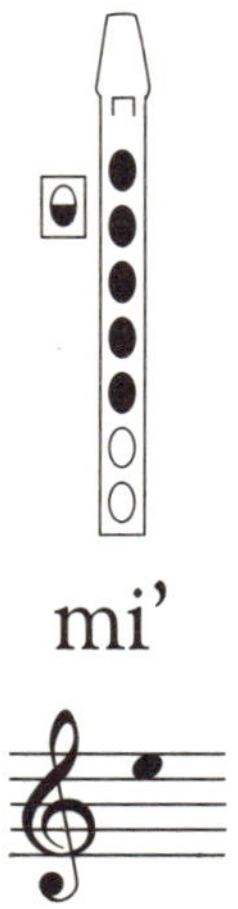

• Toca estos ejercicios con la flauta.

1

2

3

4

AU CLAIR DE LA LUNE

CAMPANITAS DEL LUGAR

TIPPY, EL CONEJITO HIPPY

(Mús. Hammers / Adapt. Letra: J. L. Arce)

En el silencio de la conejera
ha ocurrido un hecho muy extraño:
que cada uno y a su manera
quiere seguir las modas por aquí.

El conejito Tippy
se ha convertido en hippy
y quiere sólo flores
de cena y entremés.
El día entero sueña
con rosas y jazmines,
y no quiere comerse
la hierba del jardín.

A su hermano el conejito,
que se come mucha hierba,
le ha llamado "viejecito"
y que no sabe vivir.

El conejito Tippy
se ha convertido en hippy
y baila muy contento:
tum, tipetum, tipetum;
y baila muy contento:
tum, tipetum, tipetum.

El conejito Tippy...

Después de cuatro días,
la panza está vacía
y baila por el hambre:
tum, tipetum, tipetum.

No sueña ya en jardines
de rosas y jazmines,
y sólo el césped verde
Tippy querrá correr.
Tum, tipetum, tipetum;
Tippy querrá correr.
¡Tum, tum!

• Dibuja un mural con la historia del conejito Tippy.

Melodías del mundo para compartir

La música entra en nosotros sin apenas darnos cuenta. No importa su procedencia, su idioma o su ritmo. No hay fronteras para los sonidos. Las personas de todo el mundo compartimos el mismo lenguaje musical. La música nos acerca y nos une.

Monjes, trovadores y juglares

Al ver los castillos, las armaduras o ilustraciones sobre los torneos podemos imaginar cómo se vivía en la Edad Media. Durante esa época la música también acompañaba a las gentes en su quehacer diario.

En los castillos y en las plazas de los pueblos, los juglares y trovadores entonaban canciones dedicadas al amor y a las hazañas de los guerreros.

Dentro de las iglesias y monasterios surgió un canto tranquilo y profundo que se conoce con el nombre de canto gregoriano.

- ¿Cuál de estos instrumentos usarías en un torneo para anunciar la llegada de los caballeros?

Guido D'Arezzo

¿Has escuchado alguna vez canto gregoriano? ¿Cuál es tu opinión con respecto a este tipo de música?

La **música religiosa** fue muy importante durante la Edad Media. En las catedrales, iglesias y conventos había muy buenos músicos que cultivaban fundamentalmente el canto. En los templos se empleaba el **canto gregoriano**, que todavía hoy se conserva.

Los monjes comenzaron a escribir la música utilizando signos que se conocen con el nombre de **neumas**.

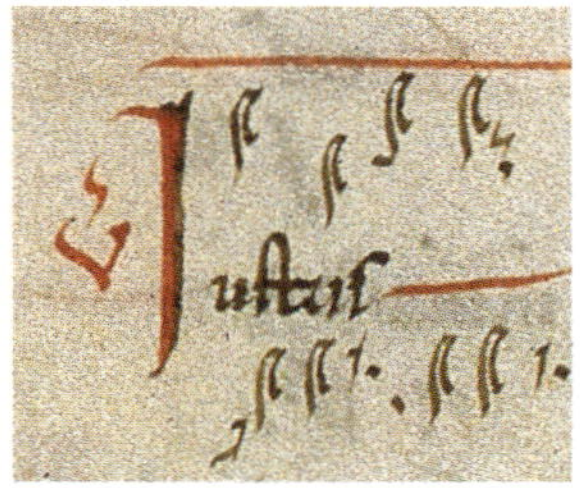

Neumas

Más tarde se usaron **notas cuadradas** sobre un pentagrama. El monje Guido D´Arezzo dio nombre a las notas musicales.

Notas cuadradas

Trovador con arpa

Los **juglares** eran músicos ambulantes que divertían a la gente con sus cantos, danzas y acrobacias.

Los **trovadores** inventaban poemas y canciones que solían dedicar a la dama de sus sueños. A veces en estas canciones contaban aventuras de los caballeros.

- ¿En qué crees que se parecen los trovadores de la Edad Media y los cantantes modernos ?

ORQUESTA MEDIEVAL

- Observa estos instrumentos medievales. Comprueba que algunos de ellos se parecen a los actuales.

1. La **viola de arco** se parece al violín.
2. La **chirimía** nos recuerda al oboe.
3. Fíjate en esta rudimentaria **gaita**.
4. Con el **arco** se frotaban las cuerdas.
5. La **flauta de pico** es similar a nuestra flauta dulce.
6. Las cuerdas del **salterio** se pulsan como las de la guitarra.
7. Observa a este músico con un **tambor** colgado.

• Escucha el sonido de estos instrumentos medievales. Señala el que suena continuamente, sin interrupción.

Zanfona ☐

☐ Flauta de pico

☐ Arpa medieval

Danza de la muerte

(Libro Rojo de Montserrat)

El monasterio de Montserrat se encuentra cerca de Barcelona. Ya en la Edad Media los peregrinos acudían a este lugar convencidos del poder milagroso de la Virgen. Por la noche, cuando los peregrinos acababan sus rezos, cantaban y bailaban. Algunas de estas danzas estaban dedicadas a la muerte.

Esta **Danza de la Muerte** se conserva en un antiguo libro del monasterio, llamado **Llibre Vermell**, que en catalán significa “Libro Rojo”. Recibe este nombre porque está encuadernado en terciopelo de ese color.

ACTIVIDADES PARA LA AUDICIÓN

- Inventa un ostinato rítmico para acompañar esta danza. Elige algún instrumento del aula para interpretarlo.
- En la grabación aparece algunas veces un instrumento de láminas que seguramente hay en tu aula. ¿Adivinas de cuál se trata?

CONSTRUYE UNAS TABLILLAS DE SAN LÁZARO

Necesitas:

1 Listón de madera de 35 cm de largo, 6 o 7 cm de ancho y 1 cm de grosor, sierra de marquetería, lima, papel de lija, trozo de cuerda.

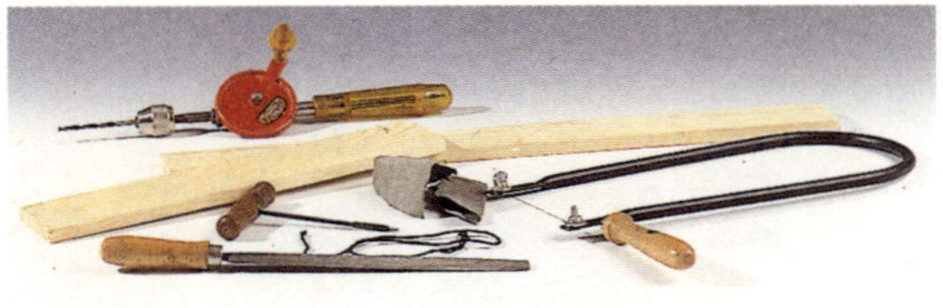

¿Cómo se construye?

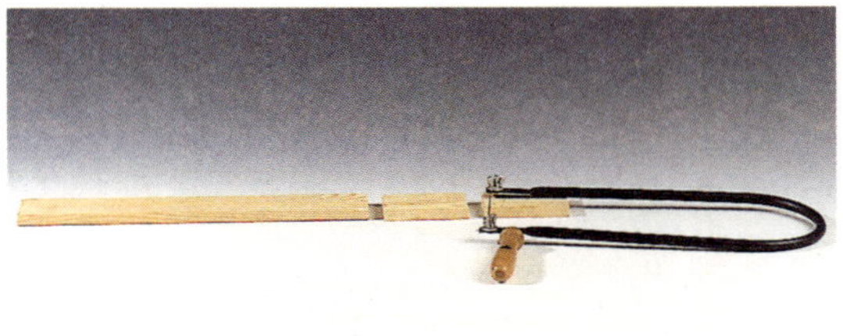

Corta dos tablillas iguales de unos 7 cm.

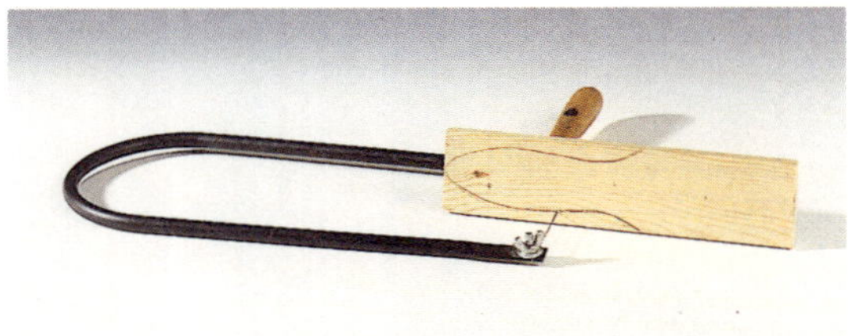

Al trozo de tabla largo que te ha quedado dale la forma del mango.

Realiza taladros a la misma distancia en las tres tablas, como en unas castañuelas.

Lija o lima todos los cantos.

Ata las dos tablillas al mango con un trozo de cuerda.

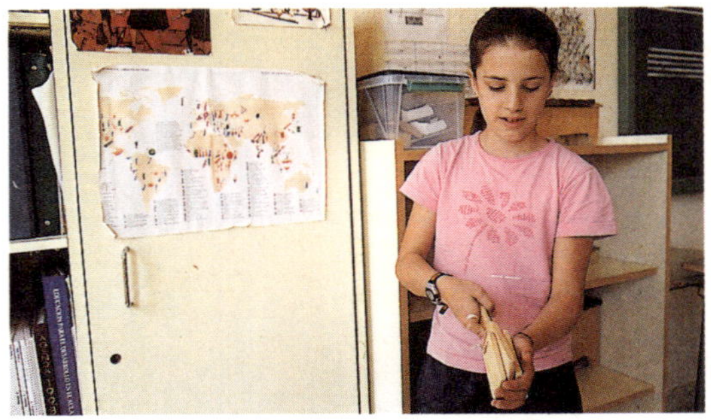

Al agitar la mano las tablillas entrechocan y suenan.

- Comprueba que el nudo de la cuerda permite que las tablillas se muevan bien.

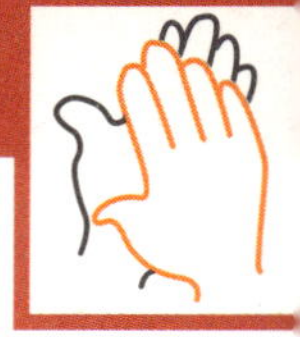

♩ → Mano derecha   ♩ → mano izquierda

• Practica estos ejercicios rítmicos a dos manos sobre las piernas, según el código.

1

2

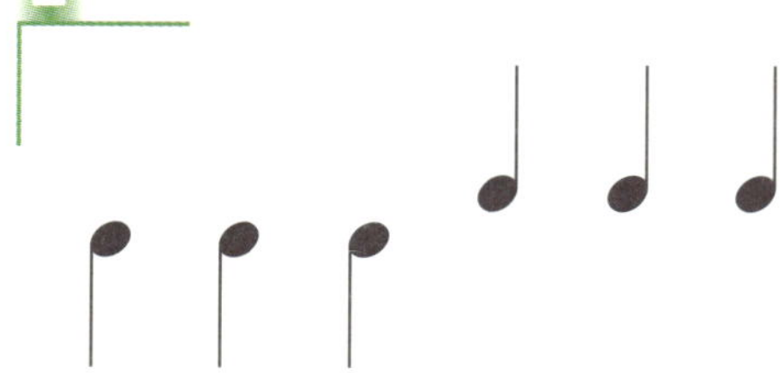

3

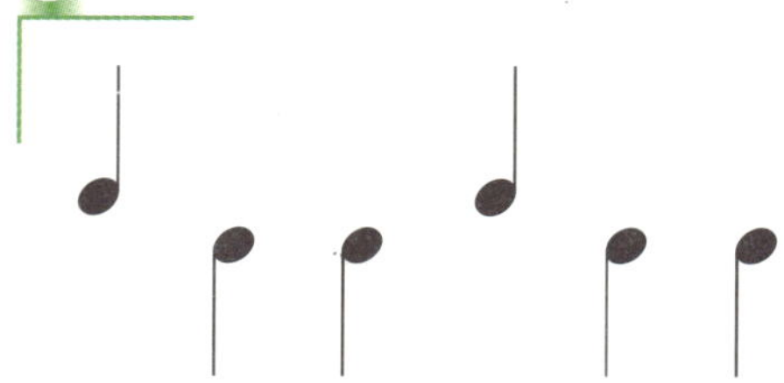

4

5

6

7

8

9

- Completa los motivos melódicos de la parte inferior de la página con cualquiera de los finales, a, b, c, d, e o f. Canta después las melodías resultantes.

a

b

c

d

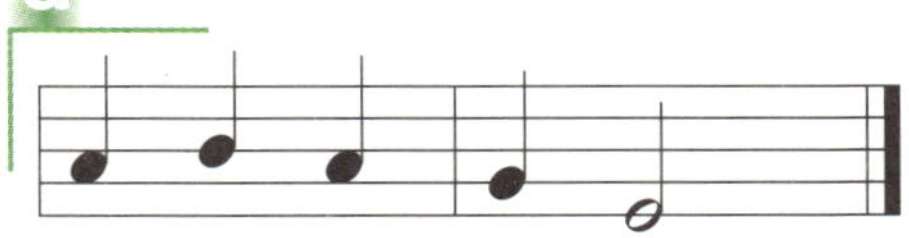

e

f

1

2

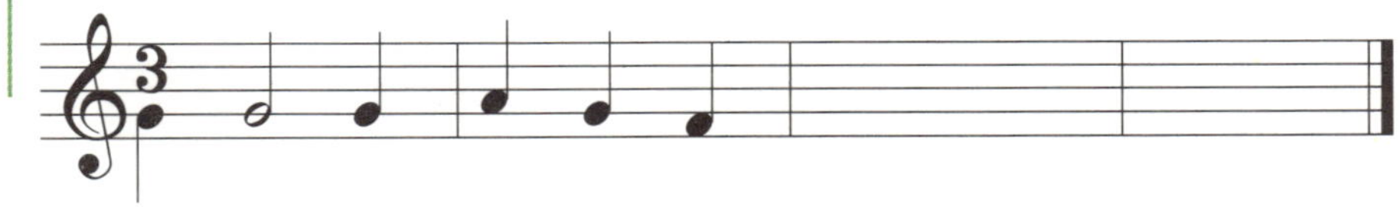

3

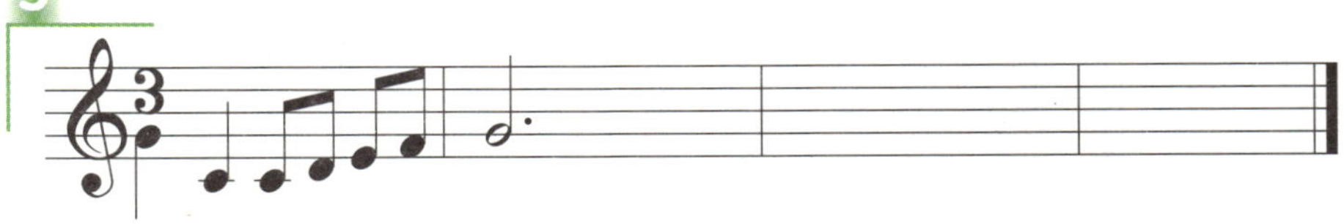

4

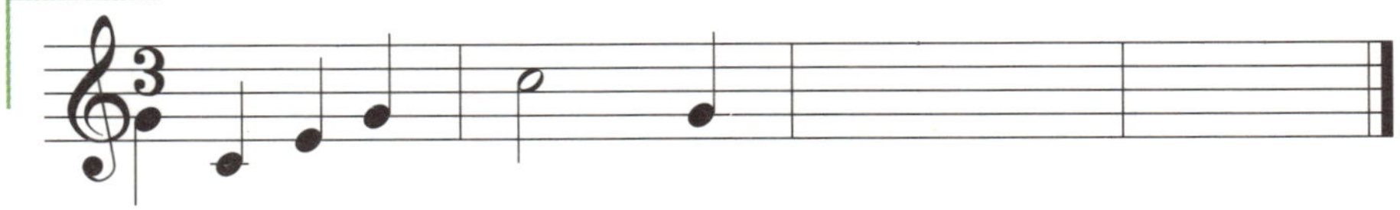

5

6

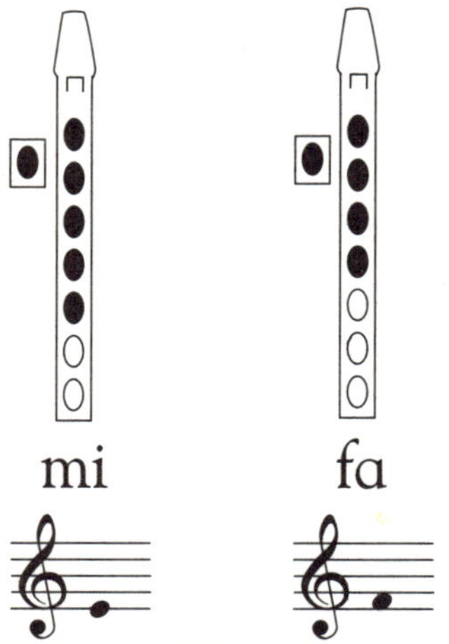

• Practica estos ejercicios con la flauta.

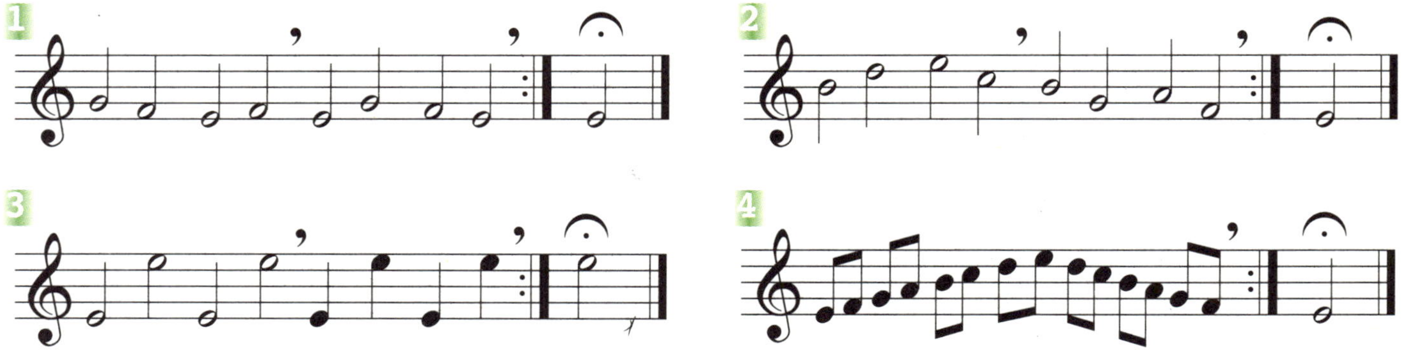

¿DÓNDE ESTÁN LAS LLAVES?

Tradicional

CANTIGA

V. Gil

ROMANCE DEL CONDE OLINOS

Madrugaba el Conde Olinos,
mañanita de San Juan,
a dar agua a su caballo
a las orillas del mar.

Mientras el caballo bebe
canta un hermoso cantar;
las aves que iban volando
se paraban a escuchar:

–Bebe, mi caballo, bebe,
Dios te libre del mal;
de los vientos de la tierra
y de las furias del mal.

Desde las torres más altas
la reina le oyó cantar:
–Mira, hija, cómo canta
la sirenita del mar.

–No es la sirenita, madre,
que esa tiene otro cantar;
es la voz del Conde Olinos,
que por mis amores va.

–Si es la voz del Conde Olinos
yo le mandaré matar,
pues para casar contigo
le falta sangre real.

–No le mate usted, señora,
no le mande usted matar,
que si mata al Conde Olinos
a mí la muerte me da.

Guardias salen del palacio
al Conde Olinos buscar,
que le maten a lanzadas
y echen su cuerpo a la mar.

La infantina, con gran pena,
no cesaba de llorar.
Él murió a la medianoche
y ella a los gallos cantar.

A ella, como hija de reyes,
la entierran en el altar;
a él, como hijo de condes,
unos pasos más atrás.

De ella nació un rosal blanco
y de él un espino albar.
Crece el uno, crece el otro,
ambos se van a juntar.

Las ramitas que se alcanzan
fuertes abrazos se dan,
y las que no se alcazaban
no paran de suspirar.

La reina, con gran envidia,
ambos los mandó cortar;
el galán que los cortaba
no cesaba de llorar.

De ella nació una paloma,
de él un fuerte gavilán;
juntos vuelan por el cielo,
juntos vuelan par a par.

- Canta junto con tus compañeros este romance. Formad dos coros y cantad cuatro versos cada uno.

unidad 7 Los pueblos y su música

En todas las culturas se ha utilizado la música para celebrar las ceremonias mágicas y religiosas. También los cantos y las danzas han servido a las personas para animar las fiestas y para acompañar el trabajo.

Por eso podemos decir que en cualquier rincón del planeta, y durante toda nuestra vida, la música nos hace compañía.

• ¿Con qué lugar del mundo relacionarías esta imagen? Consulta un atlas y señálalo.

¿Tienes amigos que hayan nacido en un país distinto del tuyo? ¿Has oído alguna vez música de ese lugar?

Cada país tiene su propio **folclore** musical. Las canciones y los bailes tradicionales de un lugar que se transmiten de generación en generación forman el folclore de ese lugar.

En España viven muchas personas que han llegado a veces desde países lejanos. Conocer su música es una manera de relacionarnos con ellas.

Vivimos muy cerca de algunos países árabes. Nuestra música y cultura tienen cierto parecido con la suya.

Los árabes introdujeron en Europa instrumentos como el **laúd** y el **rabel**. También influyeron en nuestra forma de cantar. Por ejemplo, se piensa que el flamenco tiene algunas características similares a la música árabe.

En gran parte de Latinoamérica, muchos millones de personas tienen un folclore parecido al nuestro. Sus cantos y bailes son una mezcla de música española y americana.

- Trae algún disco de música latinoamericana y escúchalo con tus compañeros.

¡POBRES ARMADILLOS!

Existen muchas guitarras diminutas en el mundo. Una de las más conocidas es el **charango**. Este instrumento se utiliza en Perú y Bolivia.

Los charangos tradicionales se fabricaban utilizando el caparazón de un **armadillo**. Afortunadamente en la actualidad esta forma de construcción se ha modificado, y se emplea sólo madera.

• Escucha el sonido de estos instrumentos procedentes de diferentes lugares del mundo. Rodea de azul el de percusión, de rojo el de viento y de verde el de cuerda.

Balalaika (Rusia)

Güiro (Cuba)

Didyeridú (Australia)

El espíritu de la noche

(Música de los aborígenes australianos)

El didyeridú es un instrumento utilizado por los aborígenes australianos desde hace más de mil años. Se obtiene de una rama de eucalipto que ha sido ahuecada por las termitas. Es un instrumento sencillo pero, a la vez, muy difícil de tocar. Los sonidos se producen con los labios, la lengua y la voz.

Para que este instrumento suene mejor, hay que colocarlo apoyado en un hueco del suelo. Este agujero hace que la resonancia sea mayor.

En la pieza que aparece en la grabación intervienen varios didyeridúes, claves y voces. Se toca por la noche, alrededor de la hoguera, mientras los ancianos de la tribu cuentan viejas leyendas.

ACTIVIDADES PARA LA AUDICIÓN

• Después de construir tu didyeridú como se indica en la página siguiente, utilízalo para acompañar la grabación. Puedes usar también claves.

CONSTRUYE UN DIDYERIDÚ

Necesitas:

Un tubo de cartón o plástico de aproximadamente 1 m de largo y 4 cm de sección, o varios tubos que unidos formen uno solo, lija, cintas de colores y pintura.

¿Cómo lo puedes construir?

Si tienes varios tubos únelos con cinta adhesiva para conseguir uno largo.

Lija los bordes del tubo.

Decóralo con las pinturas y con las cintas adhesivas.

Prueba a realizar distintos sonidos con la voz.

semicorchea **4 semicorcheas → 1 pulso**

- Marca el pulso y repasa todas las figuras que has aprendido hasta ahora.

1 negras

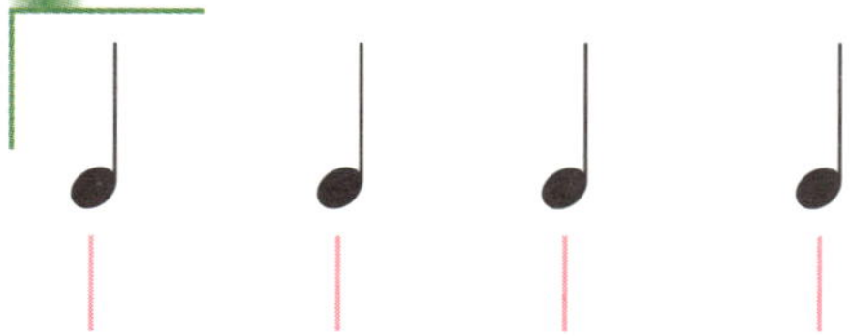

2 blancas

3 blancas con puntillo

4 corcheas

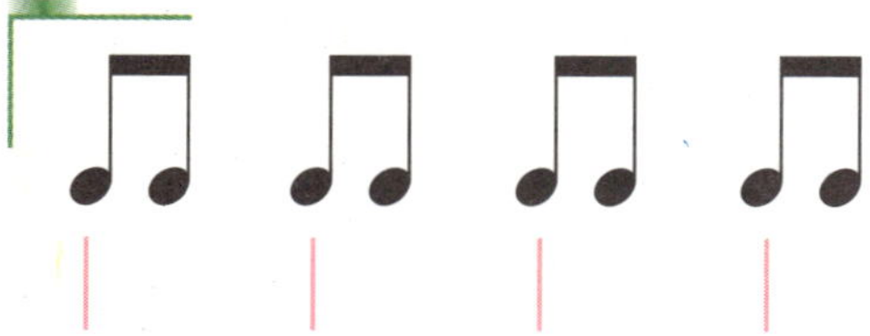

5 semicorcheas

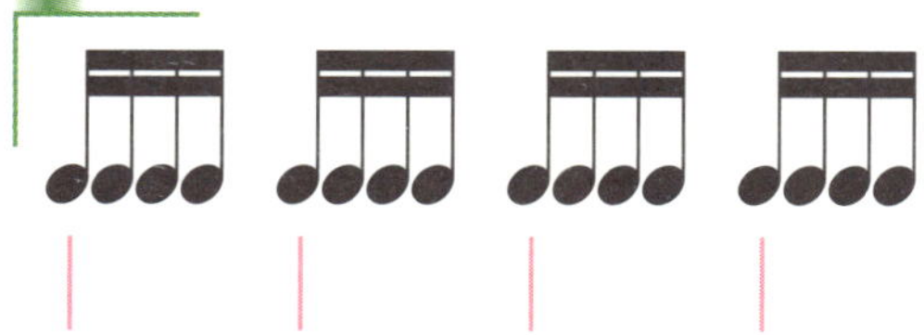

- Lee este ejercicio marcando el compás. Después tócalo con palmadas.

Allegretto

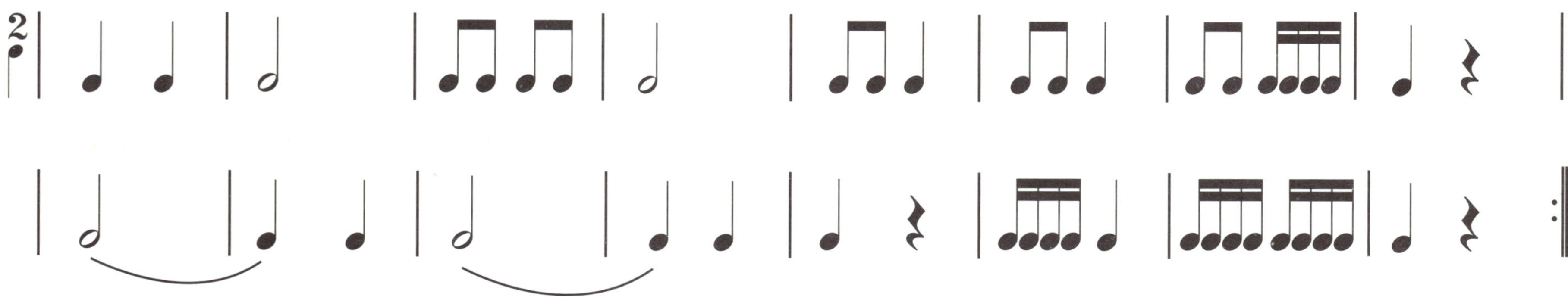

- ¿A qué canción pertenece cada uno de estos fragmentos? Relaciónalos con los títulos.

1

2

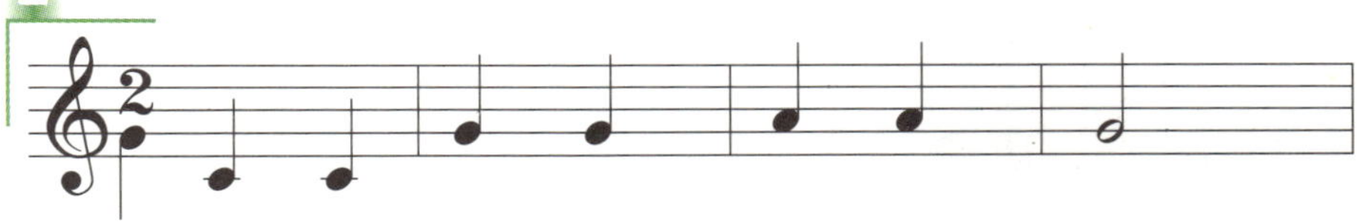

3

4

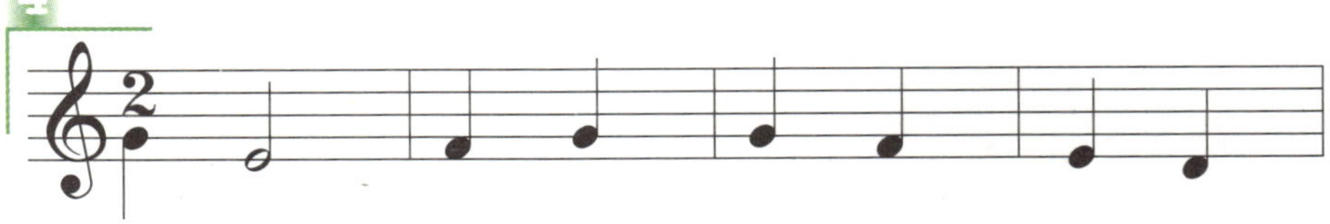

5

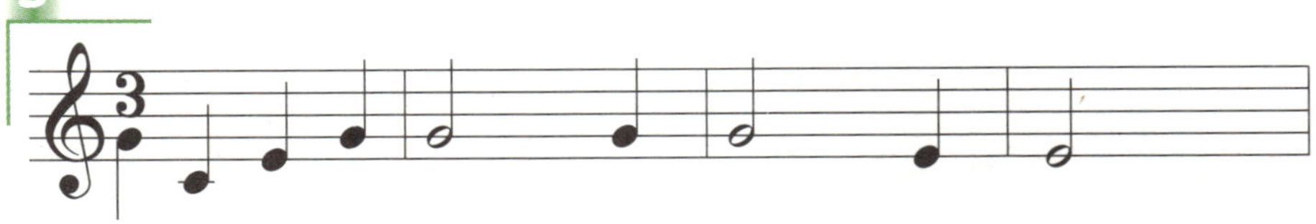

- [ ] Campanitas del lugar.
- [ ] El Danubio azul.
- [ ] Himno de la alegría.
- [ ] Tengo una muñeca.
- [ ] Jingle Bells.

• Practica estos ejercicios con la flauta.

1

2

3

LITTLE BROWN JUG

Tradicional

MY BONNIE

Tradicional

IL CANTO DEL CUCÙ
(Suiza italiana)

L´inverno l´è passato
l´aprile non c´è più;
è ritornato è maggio
al canto del cucù.

Cucù, cucù,
l´aprile non c´è più;
è ritornato è maggio
al canto del cucù.

Lassù per le montagne
la neve non c´è più,
comincia a fare il nido
il povero cucù.

La bella alla finestra
la guarda in su e in giù,
l'aspetta il fidanzzato
al canto del cucù.

Te l´ho pur sempre detto
che maggio ha la virtù
di far sentir l´amore
al canto del cucù.

• Con ayuda de tu profesor traduce esta canción a tu idioma.

unidad 8 Los bailes de mi tierra

Desde tiempos primitivos las personas hemos sentido la necesidad de expresarnos a través del movimiento y la danza.

Unas veces se baila para acompañar las celebraciones mágicas y religiosas. Otras muchas veces bailamos simplemente para divertirnos.

Todos los pueblos conservan una gran cantidad de danzas tradicionales que han ido evolucionando a lo largo del tiempo.

- ¿Qué es lo que más te llama la atención en estos danzarines?

¿Conoces alguna danza tradicional de tu Comunidad Autónoma? ¿Y de otras Comunidades?

Las personas danzamos desde tiempos remotos. Los hombres primitivos tenían danzas para curar enfermedades, para comunicarse con los muertos o pedir la lluvia.

En las pinturas prehistóricas podemos contemplar a nuestros antepasados bailando. Una de las más antiguas y conocidas representa a un **bailarín disfrazado** con una piel de búfalo. Esta imagen se encuentra en la cueva de Los Tres Hermanos, en Francia.

Muchos bailes, en su origen, son rituales, porque tienen un significado mágico o religioso. Otros se relacionan con actividades cotidianas, como cortejar o celebrar las cosechas.

En la actualidad los bailes tradicionales tienen un fin más bien **festivo** y de **diversión**. Se suelen celebrar en las plazas y otros lugares públicos y sirven como demostración de alegría. Algunos de estos bailes populares son las seguidillas, las muiñeiras, las sevillanas, la sardana, la jota, las isas, los fandangos, las folías, los boleros, las bulerías, el aurresku...

• Completa la lista de bailes españoles con otros que tú conozcas.

EL HOMBRE ORQUESTA

Para acompañar las danzas se necesita a veces un grupo de músicos. Otras veces basta con una sola persona que toca dos instrumentos a la vez.

En muchos lugares de España existen músicos que tocan la flauta y un tambor al mismo tiempo.

- Escucha cómo suenan estos instrumentos. Descubre cuál de ellos no aparece en las sevillanas de la audición.

Pandereta

Almirez

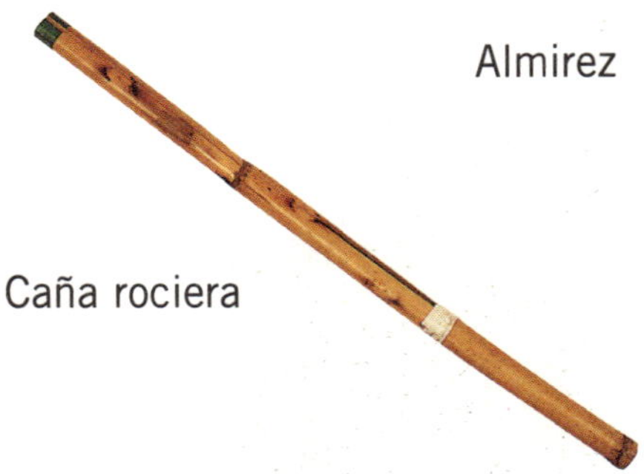

Caña rociera

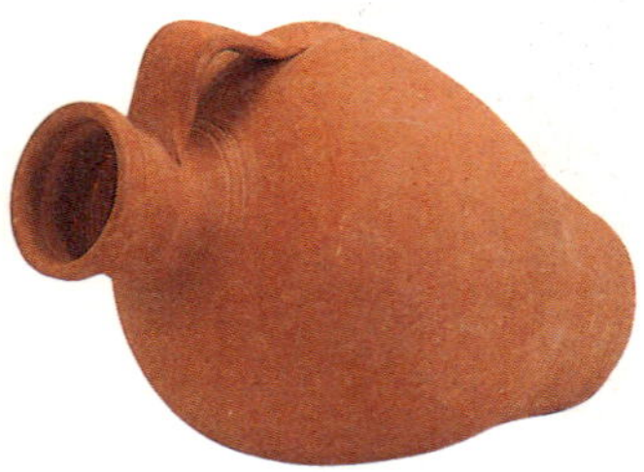

Cántaro

Corraleras de Lebrija

(Sevillanas)

Hay un tipo de sevillanas que se bailan en los corrales o patios de las casas. Por eso se las llama **sevillanas corraleras**.

Las sevillanas se acompañaban antiguamente con pandereta, almirez, palmas y un cántaro de barro. La boca del cántaro se golpea con una zapatilla.

Otro instrumento muy importante para las sevillanas es la guitarra.

ACTIVIDADES PARA LA AUDICIÓN

- Escucha la grabación y acompáñala con palmadas.
- Trata de distinguir los instrumentos que intervienen en esta grabación.

MARGARITIÑA

(España)

Para bailar esta danza se hace un corro alternando chicas y chicos.

Desde esta posición de partida se realizan los siguientes pasos:

Saltar lateralmente cogidos de las manos.

Cerrar el círculo dando siete pasos hacia delante.

Abrir el círculo dando siete pasos hacia atrás.

En el sitio, alternar palmadas sobre las piernas y con la manos.

Dar una vuelta completa y volver a dar las manos a los compañeros. Se vuelve a empezar.

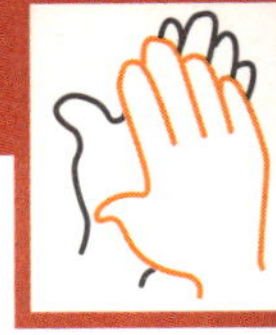

• Aprende e interpreta junto a tus compañeros esta pieza rítmica, siguiendo las indicaciones de tu profesor.

TRUCU TRACA TUM

Voces

Acompañamiento

• Relaciona cada uno de estos motivos melódicos con la secuencia rítmica que le corresponda. Cántalos después.

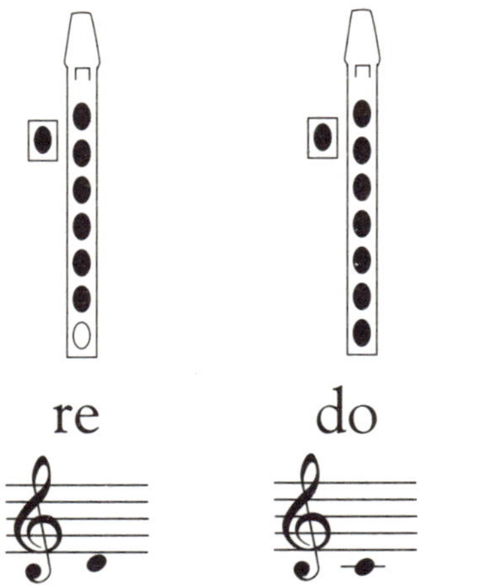

• Practica estos ejercicios con la flauta.

1

2

3

TENGO UNA MUÑECA

Tradicional

DANZA CAMPESINA

V. Gil

A COGER EL TRÉBOLE

A coger el trébole,
el trébole, el trébole.
A coger el trébole,
la noche de San Juan.

A coger el trébole,
el trébole, el trébole.
A coger el trébole
los amores van.

Amores he tenido
y amores tengo.
A ninguno he querido
y a tí te quiero.

Si me quieres, te quiero;
si me amas, te amo;
si me olvidas, te olvido.
Ya no te quiero.

- Baila esta canción siguiendo las indicaciones de tu profesor.

ROMANCE DEL CONDE LARA

Allá arriba en Lombardía,
en aquella noble ciudad.
La, la, la...

Nombran al Conde de Lara
de la guerra Capitán.
La, la, la...

La Condesa que lo supo,
no cesaba de llorar.
La, la, la...

«¿Por qué lloras tú, Condesa,
por qué tanto suspirar?»
La, la, la...

« Porque me han dicho que vas
a la guerra, Capitán.»
La, la, la...

«Si a los siete años no vuelvo,
a los ocho casarás.»
La, la, la...

Mujer que ha sido tu esposa
no se volverá a casar.
La, la, la...

CANTO DE COGER LAS CEREZAS

Levántate morena,
y sin pereza,
que vamos a coger hoy
las cerezas.

Arriba con él, hermosa
Diana, arriba con él,
que me voy mañana,
arriba con él.

Andas averiguando
si tengo hacienda,
averigua primero
que yo te quiera.

Arriba con él, hermosa...

DUÉRMETE, NIÑO, EN LA CUNA

Duerme el niño en la cuna.
Y dice su madre:
calla, que viene el coco.
Y era su padre.

Coco, coquito.
Coco, no vengas.
Mira que no es tuyo.
Ni un pelo siquiera.

¡AY, DE LA LABRADORA!

¡Ay, de la labradora!,
la labradora,
que coge poco trigo,
suspira y llora.
¡Ay, de la labradora!

¡Ay, de la molinera!,
la molinera,
que muele poco trigo,
no hay quien la quiera.
¡Ay, de la molinera!

LA RONDA Y LA CONTRARRONDA

La ronda y la contrarronda
se encontraron en la calle;
pudo más la contrarronda,
aunque la ronda era grande.

La flor del romero
todos se la van llevando.
La flor del romero
sola se va deshojando.

En el puerto de Payares
bajan las nubes al suelo,
por eso los payariegues
viven tan cerca del cielo.

La flor del romero...

Si la llevan que la lleven,
a mí lo mismo me da,
una caña de romero
para mí no ha de faltar.

La flor del romero...

Índice de contenidos

		música y cultura	lenguaje musical	juego, dramatización y movimiento	expresión vocal e instrumental
Un mundo de sonidos para vivir	**unidad 1** Silencio, por favor	El silencio en la vida y en la música. Necesidad del silencio.	Elementos de la música: pulso y acento, pre-compás; presentación del pentagrama y las notas (DO-MI').	Juegos de improvisación con instrumentos de láminas sobre ostinatos dados.	Iniciación a la práctica musical con instrumentos de láminas.
	unidad 2 La música que nos rodea	La música en la vida cotidiana.	Elementos de la música: puntillo, ligadura, signos de repetición; musigramas con tres sonidos (MI-FA-SOL).	Posibilidades sonoras de los instrumentos de construcción propia: zambomba.	La canción popular y tradicional de la propia Comunidad Autónoma.
El mundo y su música para descubrir	**unidad 3** Beethoven y la naturaleza	El compositor y sus temas: Beethoven.	Elementos de la música: compás de 2/4; ecos con cinco sonidos (DO-RE-MI-FA-SOL).	Creación de una sencilla coreografía en forma de danza ritual.	Los instrumentos como medio de acompañamiento de canciones y danzas.
	unidad 4 A todo jazz	La música de jazz.	Elementos de la música: polirritmia; escala pentatónica (DO-RE-MI-SOL-LA).	El movimiento expresivo: danza en corro, por parejas, con desplazamientos y posibilidades de improvisación.	Posibilidades expresivas y comunicativas de la voz.
	unidad 5 Música en lata	Historia de la grabación sonora.	Elementos de la música: compás de 3/4; motivos con seis sonidos (DO...LA) en forma de canon.	Recreación de ambientes sonoros por medio de los instrumentos de láminas.	La canción ligada al movimiento, el mimo y la expresión corporal.
Melodías del mundo para compartir	**unidad 6** Monjes, trovadores y juglares	La música en la Edad Media.	Elementos de la música: percusiones a dos manos; motivos melódicos que superan la octava (DO...RE').	Posibilidades sonoras de los instrumentos de construcción propia: tablillas de San Lázaro.	La canción en el ámbito sociocultural: manifestaciones representativas de nuestra cultura.
	unidad 7 Los pueblos y su música	El folclore. Manifestaciones folclóricas ajenas a nuestra cultura.	Elementos de la música: semicorcheas; identificación de motivos melódicos populares (sonidos DO...RE').	Posibilidades sonoras de los instrumentos de construcción propia: didjeridú.	Las intenciones expresivas y comunicativas del canto.
	unidad 8 Los bailes de mi tierra	Bailes danzas tradicionales de España.	Elementos de la música: polirritmia; relación entre motivos melódicos y secuencias rítmicas (sonidos DO...MI').	El movimiento expresivo: danza en corro con desplazamientos y percusiones corporales.	Canciones populares y tradicionales del Estado Español o de la propia Comunidad Autónoma.